AF509280

PLVS PENSER QVE DIRE.

LETTRES
D'ORDONNANCE

des Archiducqz, par lesquelles expres-
sement est commandé l'entretenement & obser-
uance du Placcart dernierement publié sur le
faict des Monnoyes, accompaigné de figu-
res d'especes tenues & reputées
pour billon.

EN ANVERS

Chez Hierosme Verdussen, l'An 1614.

Auec Grace & Priuilege.

LETTRES D'ORDONNANCE

des Archiducqz, par lesquelles expres-
sement est commandé l'entretenement & obser-
uance du Placcart dernierement publié sui le
faict des Monnoyes, accompaigné de figu-
res d'especes tenues & reputées
pour billon.

EN ANVERS

Chez Hierosme Verdussen, l'An 1614.

Les Archiducqz

On Couſin, Chiers & Feaulx, pour
aultant que nous ſommes deue-
ment informez, que contre l'ex-
preſſe deffenſe, portée par noſtre
placcart dernierement publié ſur le
pris, & eualuation des Monnoyes
d'or & d'argent, qu'auons permis
& tolleré d'auoir cours en noz
pays de pardeça; pluſieurs, tant noz ſubiectz, que aultres, s'auancent iournellement d'apporter en noſdictz pays,
diuerſes eſpeces de Monnoyes d'or & d'argent eſtrangieres,
qui en ſuyte de noſtre dict placcart doibuent eſtre tenues &
reputées pour billon, comme nullement correſpondans en
valeur, & bonté intrinſeque, au pris qu'on s'auance de les
mettre, & eſchiller. Deſirans obuier à vne ſi grande foule, &
leſion de noz ſubiectz, nous vous ordonnons de incontinét
faire publier par toutes les villes, & lieux de noſtre pays, &
Conté d'Artois, où l'on eſt accouſtumé de faire cryz & pu-
blications. Et de par nous expreſſement deffendre à tous d'a-
mener, mettre, eſchiller, ou receuoir aulcunes deſdictes pie-

A 2

ces

ces deffendues , aux paines contenues en noftre placcart , le-
quel ferez quant & quant republier , auec declaration que
s'ilz en ont aulcunes, de les porter, ou faire porter aux chan-
geurs , qui leur en donneront le iufte pris qu'elles vaillent.
Et à fin que l'on puiffe auoir entiere cognoiffance de la for-
me, & valeur defdictes efpeces, nous auons enchargé à noz
Maiftres generaulx des monnoyes, d'en faire dreffer les figu-
res, auec adjoinction du pris du Marcq, Once, Eftrelin , &
Aes, que l'on en debura payer, & vous en enuoyons vne
quantité d'exemplaires quant & cefte, pour les diftribuer là,
& ainfi que trouuerez conuenir.

Et pour tant mieulx faire entretenir , & executer cefte
noftre ordonnance, auec noftre placcart deffus mentionné,
& encouraiger tant noz officiers fifcaulx, que aultres qu'il
appertiendra enfemble les denonciateurs des tranfgreffeurs
d'icelle noftre ordonnance, & placcart, & ne les defgoufter
de faire bons debuoirs au moyen des abolitions, graces, ou
pardons que les delinquãs pouroyét obtenir de nous, ou de
noz Confaulx. Nous auõs declairé, & declairõs noftre inté-
tion eftre , que toutes & quantesfois que tele grace fera
pourfuyuie, & demandée, & que pour bonnes confideratí-
ons à ce nous mouuantes , ferons meuz de quitter le tiers
que nous appertient és confifcations, & amendes fur ce fta-
tuées ; Nous n'entendons par icelle grace fruftrer nofdictz
Officiers , & denonciateurs de ce que ja leur auons concedé
& accordé, à fçauoir les deux aultres tiers defdictes paines,
& amendes quand les transgreffions par eulx defcouuertes

feront

Teſtons de Lorayne de ix. deniers ij. greyns d’argent fin en alloy
vient pour

     Marc xvij. flor. ix. pat. xxxiiij. mites.

     Once ij. flor. iij. pat. xxxiiij. mites.

     Eſtrelin ij. pat. ix. mites.   Aes iij. mites.

Et pour pieche peſant vi. eſtrelins xij. pat. j. mite.

Pieces de quatre ſols de Liege de iiij. deniers xx. aes. xxi. greyns
d’alloy vient pour

     Marc ix. flor. 6. pat. xlij. mites.

     Once j. flor. iij. pat. xvij. mites.

     Eſtrelin j. pat. viij. mites.   Aes ij. mites.

Et pour piece peſant ij. eſtrelins. xxiiij. aes. iij. pat. x mites.

Pieces de trois fols dudict Liege, de v.deniers.ij. greyns d'alloy vient
pour

 Marc ix.flor. xv pat.xxxiiij.mites.
 Once j.flor.iiij.pat.xxij.mites.
 Eſtrelin j.pat.x.mites. Aes ij.mites.
Et pour piece peſant ij.eſtrelins.ij.pat.xx.mites.

Pieces de deux fols dudict Liege de iiij.deniers vj.a viij.greyns
 d'argent fin en alloy vient pour
 Marc viij.flor.v.pat.xj.mites.
 Once i.flor.xiij.mites.
 Eſtrelin i.pat.
 Aes i.mite.
Et pour piece peſant i.eſtrelin.xviij.aes.i pat.xxix.mites.

Sols dudict Liege de ij.deniers.xxj greyns d'argent fin en alloy vient
    pour
       Marc v.flor.xiiij.pat.ij.mites.
       Once xiiij.pat.xiij.mites.
       Eftrelin xxxiiij.mites.
       Aes i.mite.
Et pour piece pefant i.eftrelin v.aes. xxxix. mites.

Pieces forgées au pays de Iuliers de vj.deniers. xxj.greyns d'alloy
vient pour
       Marc xiij.flor.iiij.pat. xxxiij. mites.
       Once i.flor.xiij.pat.iiij.mites.
       Eftrelin i.pat.xxxj.mites.
       Aes ij. mites.
Et pour piece pefant iiij.eftrelins.x.aes.v.pat.xxiij.mites.

Aultres pieces de ij.sols dudict Liege de iiij.deniers, v. a xvj.
greyns d'alloy.Et ainsi l'vn portant l'autre vient pour
Marc viij.flor. x.pat. xl mites.
Once i.flor.i.pat. xvij.mites.
Estrelin i pat.iij.mites.
Aes i.mite.
Et pour piece pesant i.estrelin.x.aes.i.pat.xx.mites.

Ducatons de xj.deniers vj.greyns d'argent fin en alloy,vient pour
Marc xxj.flor. xiij.pat. vj.mites.
Once ij.flor.xiiij.pat.vj.mites.
Estrelin ij.pat. xxxiiij.mites.
Aes iiij.mites.
Et pour piece pesant x x.⅔ estrelin.lv ½. patars.

dre de Swede de ix.deniers xxij.greyns d'alloy vient pour

    Marc xix.flor.i.pat.xxxviij.mites.

    Once ij flor.vij.pat.xxxv.mites.

    Eſtrelin ij.pat.xviij.mites.

    Aes iij.mites.

pour piece peſant xiij.eſtrelins, xxxj.pat.

ldre de Campen de ix.deniers d'argent fin en alloy vient pour

    Marc xvij.flor.vj.pat.xxiiij.mites.

    Once ij.flor.iij.pat.xv.mites.

    Eſtrelin ij.pat.viij.mites.

    Aes iij.mites.

pour piece peſant xxiiⅰ.eſtrelins.ij.flor.viij.pat, viij.mites.

Le demy daldre de la mesme forge & alloy, vient pour marc, once, estrelin & aes comme dessus, & po ur piece à l'aduenant.

Daldres de Sedan forgez soubs titre du Duc de Bullon de viij.
deniers. xxiij. greyns d'alloy vient pour
    Marc xvij. flor. iiij. pat. xliij. mites.
    Once ij. flor. iij. pat. v. mites.
    Estrelin ij. pat. viij. mites.   Aes iij. mites.
Et pour piece pesant xiij. estrelins. xxviij. pat.

Daldre de Neuers de viij.deniers.xxiij.greyns d'alloy vient pour
marc,once,eftrelin,aes,& piece comme deuant defdicts de Sedan.

Daldres de Ferrare de viij.deniers.xij.greyns d'alloy,vient pour
    Marc xvj.flor.vij.pat.xij. mites.
    Once ij.flor.xliij.mites.
    Eftrelin ij.pat. ij.mites.
    Aes iij.mites.
Et pour piece pefant xvij.eftrelins.xxxiiij pat.xxxvij.mites.

Daldres de Mantua de viij.deniers d'argent fin en alloy vient pour
Marc xv.flor.viij.pat.
Once i.flor.xviij.pat.xxiiij.mites.
Eſtrelin i.pat.xliiij.mites.
Aes ij.mites.
Et pour piece peſant xviij½. eſtrelins.xxxv.pat. vj.mites.

Teſtons de Sauoye de vij.deniers.xij.greyns d'alloy vient pour
Marc xiiij.flor.viij.pat.xxxvj.mites.
Once i.flor.xvj.pat.iiij.mites.
Eſtrelin i.pat.xxxviij.mites.
Aes ij.mites.
Et pour piece peſant iiij.eſtrelins. xx.aes.viij.pat.xvj.mites.

Marc.xiij.flor.xix.pat.vj.mites.
Once i.flor.xiiij.pat.xlij.mites.
Estrelin i.pat.xxxvj.mites.
Aes ij.mites.
pour piece pesant xvij.estrelins.viij.aes.xxx.pat.iiij.mites.

altre piece dudict Conte de Tassa de viij.deniers d'argent fin en
alloy vient pour

Marc xv.flor.viij.pat.
Once i.flor.xviij.pat.xxiiij.mites.
Estrelin i.pat.xliiij.mites.
Aes ij.mites.
pour piece pesant iiij.estrelins.xij.aes.viij.pat.xx.mites.

Daldres auecq vn Efcuyffon Coronné de v. deniers. viij. greyns
d'alloy vient pour
    Marc x. flor. v. pat. x v j. mites.
    Once i. flor. v. pat. x x x ij. mites.
    Eftrelin i. pat. x iij. mites.
    Aes ij. mites.
Et pour piece pefant xviij ½ eftrelin. xxiiij. pat. iij. mites.

Pieces de fix blancz de Neuers de iiij. deniers. vj. greyns d'alloy
  vient pour
    Marc viij. flor. iij. pat. xxx. mites.
    Once i. flor. xxij. mites.
    Eftrelin i. pat. i. mite.
    Aes i. mite.
Et pour piece pefant ij. eftrelins. ij. pat. ij. mites.

Le tout au pris de xx. pat. chafcun florin, & chafcun pat. de xlviij.
mites, ou ij. gros monnoyes de Flandres.